Genussmomente

WEIHNACHTS PLÄTZCHEN

EMF

EIN BUCH DER
EDITION MICHAEL FISCHER

INHALTS-VERZEICHNIS

GRUNDLAGEN

KÜCHENHELFER

WAAGE UND MESSBECHER

Daran kommen Plätzchenbäcker*innen nicht vorbei: Genaues Abwiegen ist das A und O in der Cookie-Küche – ideal ist eine Waage mit Zuwiegefunktion, evtl. sogar mit integrierter Rührschüssel. Flüssige Zutaten lassen sich am besten mit dem Messbecher abmessen.

TEIGROLLE

Egal, ob aus Holz, Metall, Marmor oder Plastik, mit oder ohne Griffe, mit der guten alten Teigrolle wird Teig für Ausstecher gerollt.

AUSSTECHER UND TEIGRÄDCHEN

In der Weihnachtsbäckerei sind der Fantasie keine Grenzen gesetzt, was Keksausstecher angeht. In diesem Buch werden vor allem sternförmige und runde Ausstecher verwendet. Das Teigrädchen eignet sich ideal als Hilfe, wenn man gerade, rechteckige Sachen ausschneiden will.

SPRITZBEUTEL

Ein Spritzbeutel leistet gute Dienste, sowohl beim Pressen des Keksteigs auf das Backblech als auch beim Verzieren der Plätzchen (dazu braucht man dann unterschiedliche große, auswechselbare Tüllen).

WEITERE KÜCHENHELFER

Eine Küchenmaschine ist immer hilfreich; die meisten Rezepte sind jedoch auch mit einem Handrührgerät zu meistern. Ebenso braucht man ein Backblech mit Backpapier, Zahnstocher, ein Küchenthermometer und Rührschüsseln.

GEWÜRZKUNDE

VANILLESCHOTE

Mit Vanille kann man hervorragend jede Art von Süßspeise verfeinern. Dafür nutzt man das Vanillemark, welches gewonnen wird, indem man die Schote längs aufschneidet und das Mark mit einem Messer vorsichtig herausschabt. Die Vanilleschoten kann man in ein Fläschchen geben und mit Wodka auffüllen. Nach einigen Monaten des Reifens hat man einen wundervollen Vanilleextrakt.

MUSKATNUSS, NELKEN UND ANIS

Diese drei Gewürze vervollständigen die Weihnachtsgewürzpalette und werden vor allem in der Weihnachtsbäckerei für die typischen Gebäcksorten wie Lebkuchen oder Pfeffernüsse eingesetzt. Am besten eignen sich gemahlene Gewürze, da sie in dieser Form den Gebrauch vereinfachen.

INGWER

Nicht nur in der asiatischen Küche ist Ingwer beliebt, sondern auch in der Weihnachtsbackstube. Gemahlener Ingwer ist die Signaturzutat in Ingwerplätzchen und Lebkuchen, die im Englischen auch Ingwerbrot (Gingerbread) genannt werden.

ZIMT

Er ist wahrscheinlich das typischste Weihnachtsgewürz in Europa und eignet sich in gemahlener Form hervorragend zum Backen. Zimt verfeinert jedoch nicht nur Backwaren, sondern auch Heißgetränke und sorgt für einen kleinen Energiekick in der Winterzeit.

NÜSSE

Diverse Nüsse vervollständigen die Zutatenliste von winterlichem Gebäck und verleihen den Backwaren ein besonderes Aroma. Meist sind sie ganz nach Belieben auch austauschbar.

CRANBERRYS

Cranberrys eignen sich als Winterbeeren wunderbar zum Backen in der Weihnachtszeit. Der herbsäuerliche Geschmack verleiht den Backwaren eine besondere Note.

GRUNDREZEPT

Mürbeteig

FÜR CA. 20 STÜCK

- 300 g Mehl (Type 405)
- 100 g Zucker
- Salz
- 2 Eigelb (Größe M)
- 200 g kalte Butter

Außerdem

- Ausstecher in beliebiger Form

SO GEHT'S

Das Mehl auf die Arbeitsplatte sieben und in die Mitte eine Mulde drücken. In diese Zucker und 1 Prise Salz geben und mit dem Eigelb vermengen. Die Butter in kleine Würfel schneiden und auf dem Rand verteilen. Alles gut mit einem Messer durchhacken, damit der Teig nicht zu schnell erwärmt wird. Dann mit den Händen zügig zu einem glatten Teig verkneten. Den Teig flach drücken und in Frischhaltefolie gewickelt mindestens 1 Stunde im Kühlschrank ruhen lassen. Den Backofen auf 175 °C (Ober-/Unterhitze) vorheizen und ein Backblech mit Backpapier auslegen. Den Teig auf einer bemehlten Arbeitsfläche 3 mm dick ausrollen, ausstechen und auf das Backblech legen. Anschließend im heißen Ofen (Mitte) etwa 10 Minuten backen. Aus dem Ofen nehmen und auf einem Kuchengitter auskühlen lassen.

ZUTATEN ZUM VERFEINERN

½ TL gemahlener Zimt
½ TL gemahlener Kardamom
Mark von ½ Vanilleschote
Abrieb von 1 Bio-Zitrone
50 g Mehl durch gemahlene Nüsse ersetzen
1 Handvoll Nüsse oder Früchte unterkneten

VARIANTEN DES *Mürbeteigs*

VEGANER MÜRBETEIG

FÜR CA. 20 STÜCK

- 300 g Mehl (Type 405)
- 40 g gemahlene Mandeln (alternativ Mehl)
- 75 g Rohrzucker
- 2 EL Sojamilch
- Salz
- 165 g veganer Butterersatz oder Margerine

SO GEHT'S

Siehe S. 8.

GLUTENFREIER MÜRBETEIG

FÜR CA. 20 STÜCK

- 250 g Speisestärke
- 150 g Maismehl
- 80 g Zucker
- Salz
- 1 Ei (Größe M)
- 200 g kalte Butter

SO GEHT'S

Siehe S. 8. Die Backzeit verlängert sich um ca. 5 Minuten.

VOLLKORN-MÜRBETEIG

FÜR CA. 20 STÜCK

- 250 g Vollkornmehl
- 50 g gemahlene Mandeln (alternativ Mehl)
- 70 g Rohrzucker
- Salz
- 1 Ei (Größe M)
- 1 Eigelb (Größe M)
- 150 g kalte Butter

SO GEHT'S

Siehe S. 8. Die Backzeit verlängert sich um ca. 5 Minuten.

HEALTHY MÜRBETEIG

FÜR CA. 20 STÜCK

- 120 g Kokosöl
- 250 g Mehl (Type 550)
- 80 g Kokosblütenzucker
- 3 TL Honig
- Salz
- 2 Eigelb (Größe M)

SO GEHT'S

Das Kokosöl erwärmen, bis es flüssig ist, und mit den restlichen Zutaten verkneten. Weitere Zubereitung wie auf S. 8 im Grundrezept beschrieben. Da das Kokosöl sich im Kühlschrank wieder festigt, wird der Teig etwas härter, daher sollte der Teig vor dem Ausrollen gut durchgeknetet werden.

GRUNDREZEPT

Zuckerguss

FÜR CA. 40 STÜCK

- 250 g Puderzucker
- 2 EL Zitronensaft
- Lebensmittelfarbe (Paste oder Pulver, nach Belieben)

Außerdem

- Spritzbeutel mit Tülle (alternativ Dekorierflaschen)

SO GEHT'S

1 Den Puderzucker in eine Schüssel sieben. 30 ml Wasser aufkochen und mit dem Zitronensaft zum Zucker geben und mit dem Schneebesen des Handrührgeräts mixen, bis das Icing eine glänzend cremige Konsistenz hat. Nach Belieben mit Lebensmittelpaste einfärben. Dazu etwas Lebensmittelpaste (vorsichtig dosieren, sie ist sehr ergiebig!) gleichmäßig unter die Masse rühren. In den Spritzbeutel füllen und die Kekse damit nach Lust und Laune verzieren.

GRUNDREZEPT

Royal Icing

FÜR CA. 30 STÜCK

- 2 Eiweiß (Größe M)
- 400 g Puderzucker
- 2 EL Zitronensaft
- Lebensmittelfarbe (nach Belieben)

SO GEHT'S

1 Das Eiweiß kurz in einer Schüssel mit dem Schneebesen des Handrührgeräts anschlagen, den gesiebten Puderzucker nach und nach vorsichtig unterrühren. Den Zitronensaft hinzugeben und 10 Minuten auf kleinster Stufe zu einer glänzend cremigen Masse rühren. Die Masse sollte relativ fest sein und beim Herausziehen des Schneebesens Spitzen bilden, die sich nach kurzer Zeit zur Seite neigen. Ist das Icing zu flüssig, löffelweise Puderzucker hinzufügen und weitere 2 Minuten rühren. Ist das Icing zu dick, tröpfchenweise Wasser hinzugeben und ebenfalls 2 Minuten rühren. Nach Belieben mit Lebensmittelfarbe einfärben. Dazu etwas Lebensmittelpaste (vorsichtig dosieren, sie ist sehr ergiebig!) gleichmäßig unter die Masse rühren. Für die Kontur ist diese Masse perfekt.

2 Etwa ¼ des Icings abnehmen, in eine Schüssel geben, Frischhaltefolie auf die Masse legen und gut abdecken. Für die Ausfüllglasur der restlichen Masse ein paar Tropfen Wasser hinzugeben und weitere 2 Minuten rühren. Die fertige Glasur mit Frischhaltefolie abdecken (direkt auf die Masse) und bis zur Verwendung im Kühlschrank aufbewahren, damit sie nicht eintrocknet.

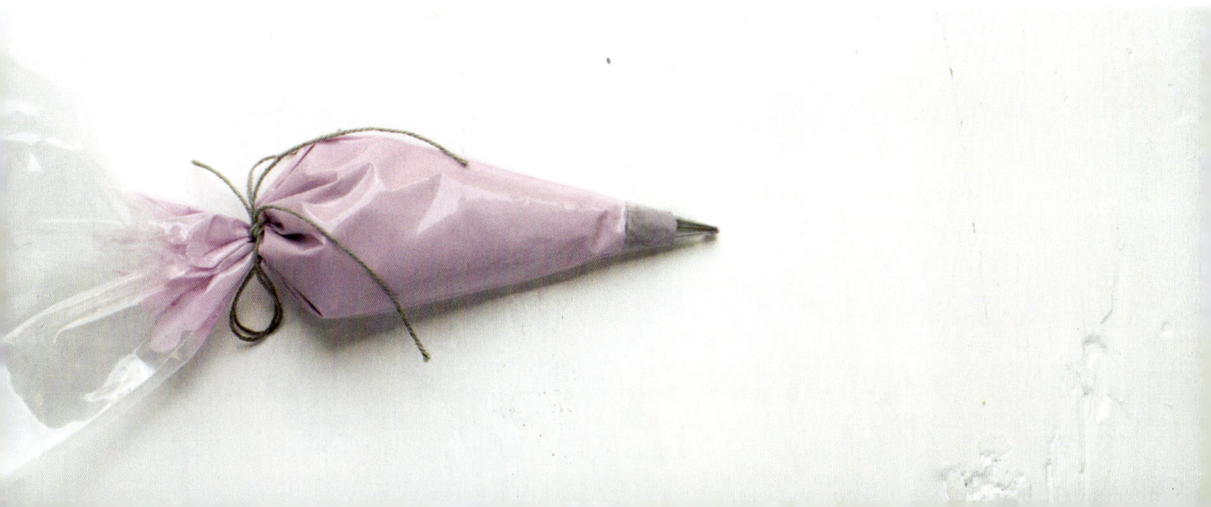

FROHE WEIHNACHTEN

REZEPTE

ZIMTSTERNE

mit Glasur

FÜR CA. 90 STÜCK

- 250 g Puderzucker
- 3 Eiweiß (Größe M)
- Salz
- 350 g gemahlene Mandeln
- 3 TL gemahlener Zimt
- 1 TL Kirschwasser

Außerdem

- Mehl für die Arbeitsfläche
- Sternausstecher
- Zahnstocher

SO GEHT'S

1 Als Erstes den Puderzucker in eine kleine Schüssel sieben und beiseitestellen.

2 In einer Rührschüssel die Eiweiße mit 1 Prise Salz dickflüssig aufschlagen. Währenddessen den Puderzucker einrieseln lassen. Von der Eischneemasse nun 6 EL in eine kleine Schüssel geben und zum Glasieren beiseitestellen.

3 Die Mandeln mit dem Zimt vermengen und mit dem Kirschwasser unter die größere Menge Eischneemasse heben. Den entstandenen Teig in Frischhaltefolie wickeln und etwa 1 Stunde oder über Nacht in den Kühlschrank legen.

4 Den Backofen auf 140 °C Ober-/Unterhitze (125 °C Umluft) vorheizen und ein Backblech mit Backpapier auslegen. Den Teig auf einer bemehlten Arbeitsfläche ausrollen, Sterne ausstechen und die Sterne auf das Backblech legen.

5 1 Tropfen Eischneemasse als Glasur mit einem kleinen Löffel auf jeweils einen Stern geben und anschließend mit dem Zahnstocher über den ganzen Stern verteilen.

6 Die Sterne im heißen Ofen (Mitte) 11–12 Minuten backen. Darauf achten, dass die Eiweißglasur nicht gelblich wird! Anschließend aus dem Ofen nehmen und abkühlen lassen.

TIPP

Um Eiweiß steif zu schlagen, am besten die Schüssel vorher mit ein wenig Zitronensaft oder Essig entfetten.

BUTTER-
plätzchen

FÜR 60 STÜCK

- 200 g zimmerwarme Butter
- 100 g Puderzucker
- 1 Ei (Größe M)
- 300 g Mehl (Type 405)

Außerdem

- Mehl für die Arbeitsfläche
- Ausstecher in beliebiger Form

SO GEHT'S

1 Die Butter in Stücke schneiden und mit dem Schneebesen des Handrührgeräts oder der Küchenmaschine cremig-weiß rühren, dabei nach und nach den Puderzucker zugeben. Zuletzt das Ei zugeben und alles gründlich zu einer luftig-cremigen Masse rühren.

2 Das Mehl dazugeben und zügig untermischen, ohne den Teig zu kräftig zu rühren oder zu kneten – evtl. einfach mit einem Löffel locker unterrühren. Den Teig zu einer Kugel rollen und diese etwas flachdrücken, damit der Teig schneller durchkühlt. In Frischhaltefolie wickeln und 1–2 Stunden im Kühlschrank kühlen.

3 Den Backofen auf 175 °C Ober-/Unterhitze (160 °C Umluft) vorheizen und ein Backblech mit Backpapier auslegen. Den Teig auf möglichst wenig Mehl etwa 4 mm dick ausrollen, die Plätzchen in gewünschter Form ausstechen und mit etwas Abstand zueinander auf das Blech legen. Im heißen Ofen (Mitte) in 10–12 Minuten hellbraun backen. Herausnehmen, kurz auf dem Blech, dann vollständig auf einem Kuchengitter auskühlen lassen. Anschließend nach Belieben verzieren (siehe Seite 10–11).

CHRISTSTOLLEN-
sterne

FÜR CA. 64 STÜCK

- ½ Würfel frische Hefe
- 25 g Zucker
- 50 ml lauwarme Milch
- 200 g Mehl (Type 405)
- je 1 Prise geriebene Muskatnuss, gemahlene Nelken (Pulver) und gemahlener Kardamom
- 1 Ei (Größe M)
- 90 g zimmerwarme Butter
- 1 Fläschchen Rumaroma
- 50 g Rosinen
- 50 g Mandelstifte
- 25 g Orangeat

Außerdem

- Mehl für die Arbeitsfläche
- Sternausstecher
- Puderzucker zum Bestäuben

SO GEHT'S

1 Hefe zerkleinern und mit Zucker in die lauwarme Milch geben, kurz verrühren und an einem warmen Ort etwa 15 Minuten gehen lassen.

2 Mehl mit den Gewürzen in einer Rührschüssel vermengen. Ei und Milchmischung hinzugeben und verkneten. Butter und Rumaroma unterkneten.

3 Den Teig auf eine bemehlte Arbeitsfläche geben, Rosinen, Mandelstifte und Orangeat dazugeben und mit den Händen einarbeiten. Anschließend den Teig in die Rührschüssel geben und an einem warmen Ort zugedeckt 45 Minuten gehen lassen.

4 Den Backofen auf 180 °C (Umluft) vorheizen und ein Backblech mit Backpapier auslegen. Den Teig auf der bemehlten Arbeitsfläche ausrollen und Sterne ausstechen. Diese auf das Backblech legen und 10–12 Minuten im heißen Ofen (Mitte) backen, bis sie goldgelb sind. Aus dem Ofen nehmen und abkühlen lassen.

5 Zum Schluss die Sterne großzügig mit Puderzucker bestäuben und servieren.

2
4

VANILLE-
kipferl

FÜR 35 STÜCK

- 1 Vanilleschote
- 120 g Mehl (Type 405)
- 80 g gemahlene Mandeln
- 1 Msp. Backpulver
- 80 g Zucker
- 120 g Butter
- 2 Eigelb (Größe M)
- 50 g Puderzucker
- 2 Pck. Vanillezucker

SO GEHT'S

1 Die Vanilleschote längs halbieren und das Mark auskratzen. Mehl, gemahlene Mandeln, Vanillemark und Backpulver vermischen und mit Zucker, Butter und Eigelben zu einem Teig verkneten. In Frischhaltefolie wickeln und mindestens 30 Minuten im Kühlschrank ruhen lassen.

2 Den Backofen auf 180 °C Ober-/Unterhitze (160 °C Umluft) vorheizen und ein Backblech mit Backpapier auslegen. Aus dem Teig 35 kleine Kugeln formen, diese zwischen den Händen ausrollen und in die klassische Kipferlform bringen. Die Plätzchen auf das Backblech legen und im heißen Ofen (Mitte) in 10 Minuten goldgelb backen.

3 In der Zwischenzeit in einer Schüssel Puderzucker mit Vanillezucker mischen. Die Kipferl nach dem Backen kurz abkühlen lassen und dann lauwarm im Zuckergemisch wälzen.

NUSS-
plätzchen

FÜR CA. 20 STÜCK

Für den Teig

- 2 Eigelb (Größe M)
- 80 g Rohrohrzucker
- Salz
- 200 g kalte Butter
- 250 g Mehl (Type 405)
- 150 g gemahlene Haselnusskerne (alternativ Mandeln)

Für den Zuckerguss

- 125 g Puderzucker
- 1 EL Zitronensaft

Außerdem

- Mehl für die Arbeitsfläche
- Ausstecher in beliebiger Form
- Holzspieß
- Spritzbeutel mit Tülle

SO GEHT'S

1 Die Eigelbe mit Zucker und 1 Prise Salz in eine Rührschüssel geben und mit den Knethaken des Handrührgeräts vermengen. Die Butter in kleine Stücke schneiden, dazugeben und mit dem Mehl und den gemahlenen Nüssen zu einem homogenen Teig kneten. Anschließend mit Frischhaltefolie abgedeckt mindestens 1 Stunde im Kühlschrank ruhen lassen.

2 Den Teig auf einer bemehlten Arbeitsfläche 5 mm dick ausrollen und mit Ausstechern Kekse in beliebigen Motiven ausstechen. Mit einem Holzspieß im oberen Teil des Kekses ein Loch stechen. Noch einmal für mindestens 2 Stunden in den Kühlschrank legen.

3 Den Backofen auf 170 °C (Ober-/Unterhitze) vorheizen und ein Backblech mit Backpapier auslegen. Die Kekse auf das Blech legen und im heißen Ofen (Mitte) in 10 Minuten goldbraun backen. Aus dem Ofen nehmen und auf einem Kuchengitter auskühlen lassen.

4 In der Zwischenzeit den Zuckerguss nach Anleitung auf Seite 10 zubereiten (halbe Menge). In den Spritzbeutel füllen und die Kekse nach Herzenslust verzieren. Über Nacht trocknen lassen.

GEWÜRZ-
spekulatius

FÜR CA. 50 STÜCK

- 250 g Mehl (Type 405)
- 2 TL gemahlener Zimt
- 1 TL gemahlener Ingwer
- ½ TL gemahlener Kardamom
- je 1 Prise gemahlene Nelken (Pulver), frisch geriebene Muskatnuss, gemahlener weißer Pfeffer und gemahlener Anis
- Salz
- 1 Prise Natron
- 110 g Butter
- 120 g brauner Zucker
- 1 Ei (Größe M)

Außerdem

- Spekulatiusformen aus Holz
- Speisestärke für die Förmchen
- scharfes Messer

SO GEHT'S

1 Mehl mit Zimt, Ingwer, Kardamom, Nelken, Muskat, Pfeffer, Anis, 1 Prise Salz und Natron in einer kleinen Rührschüssel vermengen. Beiseitestellen. Die Butter in Würfel schneiden.

2 In einer mittelgroßen Rührschüssel Zucker und Ei mit einem Rührgerät etwa 2 Minuten hellcremig schlagen.

3 Unter langsamem Rühren das Mehl mit der Butter dazugeben und zu einem Teig verkneten. Weiterrühren, bis der Teig eine homogene Masse ist. Den Teig in Frischhaltefolie wickeln und mindestens 1 Stunde oder über Nacht in den Kühlschrank legen.

4 Die Hälfte des Teigs herausnehmen, einen kleinen Teil wegnehmen und mit den Fingern eine Weile weich kneten.

5 Die Holzförmchen mit ein wenig Speisestärke bestäuben. Den Teig nun in die Form drücken und den restlichen Teig mit einem scharfen Messer von der Spekulatiusform wegschneiden. Nun den Teig vorsichtig aus dem Förmchen lösen. Es hilft, wenn man das Förmchen von allen Seiten ein wenig auf die Arbeitsfläche klopft. Die vorgeformten Kekse auf ein mit Backpapier ausgelegtes Backblech legen. Wer keine Spekulatiusformen hat, kann den Teig einfach nach Belieben ausstechen. Danach erneut für einige Stunden im Kühlschrank kühlen, damit die Kekse beim Backen ihre Form behalten.

6 Den Backofen auf 190 °C Ober-/Unterhitze (170 °C Umluft) vorheizen. Die Spekulatius anschließend 10–12 Minuten im heißen Ofen (Mitte) goldbraun backen. Abkühlen lassen.

NUSSECKEN

FÜR 1 BACKBLECH

Für den Mürbeteig

- 300 g Mehl (Type 405)
- 1 TL Backpulver
- 90 g Zucker
- 2 Pck. Vanillezucker
- 2 Eier (Größe M)
- 130 g Butter
- Salz

Für die Nussschicht

- 400 g Haselnusskerne
- 200 g Butter
- 150 g Zucker
- 2 Pck. Vanillezucker

Außerdem

- Butter zum Einfetten
- Mehl zum Bestäuben
- 3 EL Himbeerkonfitüre
- 500 g Kuvertüre

SO GEHT'S

1 Ein Backblech mit Butter einfetten und mit Mehl bestäuben.

2 Für den Mürbeteig alle Zutaten und 1 Prise Salz in eine Schüssel geben und erst mit den Knethaken des Handrührgeräts, dann mit den Händen zügig zu einem geschmeidigen Teig verkneten. Den Teig auf einer leicht bemehlten Arbeitsfläche etwa auf Backblechgröße ausrollen. Auf das Blech legen und dieses damit auskleiden. Etwa 30 Minuten kühl stellen.

3 Den Teigboden mit einer Gabel mehrfach einstechen und die Konfitüre darauf verteilen. Den Backofen auf 180 °C (Ober-/Unterhitze) vorheizen.

4 Für die Füllung die Haselnüsse mit einem Blitzhacker oder der Küchenmaschine fein mahlen. Butter, Zucker, Vanillezucker und 5 EL Wasser in einen Topf geben und unter Rühren aufkochen. Der Zucker sollte sich gelöst haben. Vom Herd nehmen und die Haselnüsse einrühren. Auf dem Mürbeteigboden verteilen.

5 Die Nussecken im heißen Ofen (Mitte) 20–25 Minuten backen. Aus dem Ofen nehmen, sofort in Dreiecke schneiden und auskühlen lassen.

6 Die Kuvertüre im heißen Wasserbad oder in der Mikrowelle schmelzen. Die beiden spitzen Ecken der Nussecken in den Schokoladenguss tunken und auf Backpapier trocknen lassen.

TIPP

Wer lieber Kokos anstelle von Nüssen mag, nimmt statt 400 g gemahlener Haselnüsse 220g Kokosraspel.

SCHOKO-TANNEN-
Kekse

FÜR 2 BACKBLECHE

Für die Kekse
- 200 g Mehl (Type 550)
- 100 g gemahlene Mandeln
- 5 EL Backkakao
- 100 g Zucker
- 200 g Butter
- 1 Ei (Größe M)
- Salz

Für die Modellierschokolade
- 250 g Vollmilchschokoladen-Callets
- 110 g Glukosesirup

Außerdem
- Tannenbaum-Ausstecher
- etwas Quittengelee (alternativ flüssige Schokolade)
- 1 Prägerolle

TIPP

Glukosesirup bekommt man nur sehr selten in Lebensmittelgeschäften, meist muss man ihn im Internet bestellen. Als Alternative kann man den hellen Sirup verwenden, der im Laden meist bei den Konfitüren und Brotaufstrichen zu finden ist.

SO GEHT'S

1 Am Vortag für die Modellierschokolade die Vollmilchschokolade im heißen Wasserbad schmelzen. Wer keine Schokoladen-Callets im Haus hat, verwendet handelsübliche Schokoladentafeln. Diese vor dem Schmelzen fein hacken. Den Glukosesirup zur komplett geschmolzenen Schokolade geben und am besten mit einem Silikon-Küchenspatel kurz und gründlich unterrühren. Nicht zu lange rühren, sonst tritt die Kakaobutter aus der Schokolade aus. Sobald eine feste, aber cremige Struktur zu erkennen ist, aufhören. Die Masse auf Frischhaltefolie geben, leicht glatt streichen und mindestens eine Nacht an einem kühlen Ort (nicht im Kühlschrank) ruhen lassen.

2 Für die Kekse alle Zutaten und eine Prise Salz in der Küchenmaschine oder mit dem Knethaken des Handrührgeräts zu einem glatten Teig verkneten. Dabei immer nur auf kleinster Stufe rühren, sonst dehnt sich der Teig beim Backen zu sehr aus. Wenn der Teig sich langsam vom Schüsselrand löst, herausholen und noch einmal kurz mit der Hand durchkneten. Zwischen zwei Lagen Backpapier flach ausrollen und mindestens 30 Minuten im Kühlschrank ruhen lassen.

3 Den Backofen auf 170 °C (Umluft) vorheizen und zwei Bleche mit Backpapier auslegen. Den Teig zwischen den Backpapierlagen oder auf einer bemehlten Arbeitsfläche 0,3–0,5 cm dick ausrollen. Mit einem Ausstecher Tannenbäume ausstechen und, mit ein wenig Platz dazwischen, auf die vorbereiteten Bleche legen. Im heißen Ofen (Mitte) 10 Minuten backen. Mit dem Backpapier vom Blech ziehen, damit sie nicht brechen, und komplett auskühlen lassen.

4 Die Modellierschokolade ausrollen. Mithilfe einer Prägerolle ein Muster hineindrücken. Tannenbäume ausstechen und mit Quittengelee auf die komplett ausgekühlten Kekse kleben. Wer nicht genug von Schokolade bekommen kann, nimmt für das Befestigen der Modellierschokolade flüssige Schokolade, die beim Erkalten hart wird.

SHORTBREAD-
Rentiere

FÜR CA. 35 STÜCK

Für den Teig

- 225 g zimmerwarme Butter
- 60 g Puderzucker
- Salz
- 250 g Mehl (Type 405)

Für die Dekoration

- 50 g Puderzucker
- 35 rote Schokolinsen
- 100 g Vollmilchkuvertüre

Außerdem

- Mehl für die Arbeitfläche
- runde Ausstecher (6 cm Ø)
- Spritzbeutel mit Lochtülle (1 mm Ø)

SO GEHT'S

1 Für den Teig Butter, Puderzucker und 1 Prise Salz in eine Rührschüssel geben und mit einem Handrührgerät oder der Küchenmaschine schaumig rühren. Mehl nach und nach dazugeben und zu einem zähen Teig verkneten. Teig zu einer Kugel formen, in Frischhaltefolie wickeln und etwa 30 Minuten in den Kühlschrank legen.

2 Den Backofen auf 170 °C (Ober-/Unterhitze) vorheizen und ein Backblech mit Backpapier auslegen.

3 Den Teig auf einer bemehlten Arbeitsplatte etwa 3 mm dick ausrollen. Aus dem Teig 35 Kreise mit jeweils 6 cm Durchmesser ausstechen und auf das Backblech legen. Die Teigkreise im heißen Ofen (Mitte) 10–12 Minuten backen. Anschließend herausnehmen und abkühlen lassen.

4 Für die Dekoration den Puderzucker mit 2 EL kaltem Wasser verrühren. Den klebrigen Guss in kleinen Klecksen auf dem Shortbread verteilen und jeweils 1 rote Schokolinse als Nase aufdrücken.

5 Die Kuvertüre in einer Schüssel im heißen Wasserbad schmelzen und leicht abkühlen lassen. Die Kuvertüre in einen Spritzbeutel mit Lochtülle füllen und damit die Augen und die Rentiergeweihe aufmalen. Die Shortbreads in den Kühlschrank legen und die Kuvertüre fest werden lassen.

ZIMTSCHNECKEN-
plätzchen

FÜR 50 STÜCK

Für den Teig
- 60 g zimmerwarme Butter
- 40 g Puderzucker
- 30 g Doppelrahm-Frischkäse
- 2 EL flüssiges Kokosöl
- 2 Eigelb (Größe M)
- 130 g Mandelmehl
- 20 g Sojamehl

Für die Füllung
- 2 EL flüssiges Kokosöl
- ¼ TL gemahlener Zimt
- 2 EL Zucker

Außerdem
- Mehl für die Arbeitsfläche

SO GEHT'S

1 Butter mit Puderzucker, Frischkäse, Kokosöl und Eigelben verrühren. Dann die Mehle untermixen. Den Teig 30 Minuten kühl stellen.

2 Den Teig auf einer bemehlten Arbeitsfläche auf 20 x 30 cm ausrollen. Die Teigplatte dünn mit Kokosöl bestreichen. Zimt und Zucker mischen und den Teig damit bestreuen. Längs zusammenrollen und 1 Stunde in den Kühlschrank legen.

3 Den Backofen auf 160 °C (Umluft) vorheizen und ein Backblech mit Backpapier auslegen. Die Rolle mit einem scharfen Messer in etwa 1 cm dicke Scheiben schneiden. Die Zimtschnecken auf das Bleche legen und im heißen Ofen (Mitte) 6–8 Minuten backen.

FROHE WEIHNACHTEN

INGWERKEKSE

mit weißer Schokolade

FÜR 30 STÜCK

- 270 g Mehl (Type 405)
- 1 TL Natron
- Salz
- 2 TL gemahlener Ingwer
- ¼ TL gemahlene Nelken (Pulver)
- ¼ TL geriebene Muskatnuss
- 160 g zimmerwarme Butter
- 100 g Zucker
- 100 g brauner Zucker
- 1 Ei (Größe M)
- 90 g Melasse
- 1 TL Vanilleextrakt

Außerdem

- 5 EL Zucker
- 200 g weiße Schokolade
- 2 TL Kokosöl

SO GEHT'S

1 Mehl mit Natron, 1 Prise Salz, Ingwer, Nelken und Muskatnuss vermengen und beiseitestellen.

2 Butter und beide Zuckersorten mithilfe eines Rührgeräts 3–4 Minuten cremig aufschlagen. Das Ei hineinschlagen und weiterrühren. Anschließend Melasse und Vanille hinzugeben.

3 Die Mehlmischung langsam während des Rührvorgangs hinzugeben und alles zu einem homogenen Teig vermengen. Den Teig in Frischhaltefolie wickeln und anschließend mindestens 1 Stunde im Kühlschrank oder 30 Minuten im Gefrierfach kühlen.

4 Den Backofen auf 180 °C Ober-/Unterhitze (160 °C Umluft) vorheizen und ein Backblech mit Backpapier auslegen. Mit einem Esslöffel jeweils eine kleine Portion vom Teig abtrennen und daraus Kugeln formen. 5 EL Zucker in einen tiefen Teller geben und die Kugeln darin wälzen, anschließend mit genügend Abstand zu den anderen Kugeln auf das Blech legen und leicht andrücken.

5 Die Kekse 8–10 Minuten im heißen Ofen (Mitte) goldbraun backen. Anschließend aus dem Ofen nehmen und abkühlen lassen. Die Schokolade hacken, das Kokosöl hinzugeben und beides im heißen Wasserbad schmelzen. Zum Schluss die Kekse zur Hälfte in die Schokolade tunken und trocknen lassen.

TIPP

Auf genügend Abstand zwischen den Keksen achten, da diese recht groß werden.

MOHN-MÜRBETEIG-Sterne

FÜR CA. 30 STÜCK

- 200 g Butter
- 100 g Puderzucker
- 1 TL Vanillepaste
- 300 g Mehl (Type 550)
- 75 g Mohnsamen
- Abrieb und Saft von ½ Bio-Zitrone
- 1 Ei (Größe M)
- Salz

Außerdem

- Silikonmatte (alternativ etwas Mehl für die Arbeitsfläche)
- Sternausstecher
- 1 Glas Pfirsichkonfitüre (250 g)
- Einwegspritzbeutel
- Puderzucker

SO GEHT'S

1 Alle Zutaten und eine Prise Salz in der Küchenmaschine mit dem Knethaken zu einem glatten Teig verrühren. Noch einmal kurz mit der Hand durchkneten, dann zu einer flachen Scheibe formen und in Frischhaltefolie gewickelt mindestens 2 Stunden, am besten über Nacht, im Kühlschrank ruhen lassen.

2 Den Backofen auf 160 °C (Umluft) vorheizen und ein Backblech mit Backpapier auslegen. Den Teig ca. 3 mm dick auf der Silikonmatte oder einer nur leicht bemehlten Arbeitsplatte ausrollen. Mit einem Ausstecher kleine Sterne aus dem Teig ausstechen und die Plätzchen im heißen Ofen (Mitte) 10–12 Minuten backen. Sie sollten dabei nicht zu viel Farbe annehmen. Die fertig gebackenen Kekse vorsichtig auf einem Kuchenrost auskühlen lassen.

3 Die Pfirsichkonfitüre am besten in einen kleinen Einwegspritzbeutel geben. Jeden Keks mit einem Tupfen Konfitüre bespritzen, dann einen zweiten Keks auflegen und leicht andrücken.

4 Die gefüllten Plätzchen zum Schluss noch mit Puderzucker bestäuben und in einer Blechdose, geschichtet zwischen Backpapier, aufbewahren. So bleiben sie schön frisch.

TIPP

Diese Sterne kann man mit allen Konfitüren oder Marmeladen füllen, die man im Haus hat und gerne isst. Auch mit Lemon Curd schmecken diese Plätzchen himmlisch.

PISTAZIEN-

küsschen

FÜR 18 STÜCK

Für die Kekse

- 50 g Rohrohrzucker
- 200 g gemahlene, geschälte Mandeln plus etwas mehr zum Ausrollen
- 50 g zimmerwarme Butter
- 1 Ei (Größe M)

Für die Füllung

- 60 g Pistazienkerne plus etwas mehr zum Verzieren
- 50 g zimmerwarme Butter
- 40 g Rohrohrzucker
- 50 g Mandelmus

Außerdem

- Ausstecher (4 cm Ø)

SO GEHT'S

1 Sowohl die 50 g Rohrohrzucker für den Teig als auch die 40 g für die Füllung in der Küchenmaschine auf höchster Stufe zu Puderzucker mahlen.

2 Für die Kekse die gemahlenen Mandeln mit den 50 g Rohrohrpuderzucker und der Butter fein zerbröseln, dann das Ei untermischen und zu einem glatten Teig verarbeiten. In Frischhaltefolie wickeln und den Teig 1 Stunde kalt stellen.

3 Den Backofen auf 160 °C (Ober- und Unterhitze) vorheizen und ein Backblech mit Backpapier auslegen. Für die Füllung Pistazien in der Küchenmaschine zu Pulver verarbeiten. Die Butter mit dem restlichen Rohrohrpuderzucker cremig verrühren, dann Mandelmus und Pistazienpulver hinzufügen.

4 Die Arbeitsfläche leicht mit gemahlenen Mandeln bestreuen und den Teig 5 mm dick ausrollen. Mit einem Plätzchenausstecher 36 Kreise mit 4 cm Durchmesser ausstechen und auf das Backblech legen. Im heißen Ofen (Mitte) 10 Minuten backen.

5 Die Kekse abkühlen lassen und dann auf 18 Stück je 1 TL Pistazienfüllung setzen. Die anderen 18 als Deckel daraufsetzen. Wer mag, kann jetzt noch mit der übrigen Pistaziencreme kleine Tupfen auf den Deckeln verteilen und diese mit gehackten Pistazien bestreuen. Die Küsschen nun noch 30 Minuten kalt stellen.

HAPPY
DECEMBER
25
HOLIDAYS!
HO HO HO!
DECEMBER
25
HO HO HO!

Gefüllte LEBKUCHEN

FÜR 16 STÜCK

Für das Marzipan

- 250 g gemahlene, geschälte Mandeln
- 250 g Zucker
- 1 Ei (Größe M)
- Abrieb von 1 Bio-Zitrone

Für den Teig

- 500 g Mehl (Type 405)
- 2 TL Backpulver
- 300 g brauner Zucker
- Salz
- 2 TL gemahlener Zimt
- je ¼ TL gemahlene Nelken (Pulver), gemahlener Ingwer, gemahlener weißer Pfeffer und geriebene Muskatnuss
- 350 g Butter

Außerdem

- Mehl für die Arbeitsfläche
- 1 Ei (Größe M)
- 2 EL Milch
- 16 ganze Mandeln

SO GEHT'S

1 Für das Marzipan Mandeln mit Zucker, Ei und Zitronenschale in einer Küchenmaschine vermengen und mahlen, bis eine Paste entsteht. Mit Frischhaltefolie abgedeckt in den Kühlschrank stellen.

2 Mehl mit Backpulver, Zucker, 1 Prise Salz, Gewürzen und Butter vermengen und zu einem Teig kneten. Den Teig in Frischhaltefolie wickeln und mindestens 1 Stunde im Kühlschrank oder 30 Minuten im Gefrierfach kühlen.

3 Den Backofen auf 200 °C Ober-/Unterhitze (180 °C Umluft) vorheizen und ein Backblech mit Backpapier auslegen. Den Teig ca. 5 mm dick auf einer bemehlten Arbeitsfläche ausrollen. Mit einem scharfen Messer 32 Rechtecke (5 x 10 cm) ausschneiden.

4 16 Rechtecke auf ein mit Backpapier ausgelegtes Blech legen und auf jedes Rechteck 1 TL Marzipanmasse geben. Anschließend mit einem zweiten Rechteck bedecken und ein Sandwich bilden. Die Ränder mit einer Gabel andrücken.

5 Ei mit Milch verquirlen, die Teigtaschen damit bestreichen und mit den Mandeln dekorieren. 9–12 Minuten im heißen Ofen (Mitte) backen. Aus dem Ofen nehmen und abkühlen lassen.

WALNUSS-
kugeln

FÜR 20 STÜCK

- 75 g zimmerwarme Butter
- 60 g Zucker
- 1 Ei (Größe M)
- 50 g Sojamehl
- 60 g Mandelmehl
- 1 TL Backpulver
- 50 g Walnusskerne
- 20 Walnusskernhälften

SO GEHT'S

1 Die Butter mit dem Zucker schaumig schlagen. Das Ei unterrühren. Mehle und Backpulver portionsweise dazugeben. Die Walnusskerne fein hacken und unterkneten.

2 Den Backofen auf 160 °C (Umluft) vorheizen und ein Backblech mit Backpapier auslegen. Mit den Händen pralinengroße Kugeln aus dem Teig formen, etwas flach drücken und auf das Backblech legen. Je 1 Walnusshälfte obenauf setzen und die Plätzchen im heißen Ofen (Mitte) 10–12 Minuten backen.

SCHOKOLADEN-
Marzipan-Plätzchen

FÜR 30 STÜCK

Für den Teig
- 200 g Mehl (Type 405)
- 75 g Speisestärke
- 100 g Zucker
- 2 EL Vanillezucker
- 1 Ei (Größe M)
- 175 g Butter
- 50 g gemahlene, geschälte Mandeln

Für die Füllung
- 100 g Zartbitterkuvertüre
- 100 g Marzipanrohmasse
- 100 g Butter

Außerdem
- Mehl für die Arbeitsplatte
- 30 flache Holzstiele
- 1 runde Ausstechform (4 cm Ø)
- 150 g Vollmilchkuvertüre
- Haselnusskerne, Walnusskernhälften, Mandelstifte und bunte Zuckerstreusel zum Bestreuen

SO GEHT'S

1 Für den Teig Mehl, Speisestärke, Zucker und Vanillezucker in eine Rührschüssel geben und mischen. Ei, Butter und gemahlene Mandeln dazugeben und alles zu einem krümeligen Teig verkneten. Den Teig zu einer Kugel formen, in Frischhaltefolie wickeln und 30 Minuten in den Kühlschrank legen.

2 Inzwischen für die Füllung die Kuvertüre in einer Schüssel im heißen Wasserbad schmelzen. Marzipanrohmasse klein schneiden. Die Kuvertüre beiseitestellen. Die Marzipanrohmasse und Butter dazugeben und alles zu einer cremig-flüssigen Masse verrühren. Die Schüssel bis zur Verwendung in den Kühlschrank stellen und die Masse fest werden lassen.

3 Den Backofen auf 180 °C (Ober-/Unterhitze) vorheizen. und ein Backblech mit Backpapier auslegen.

4 Den Teig auf einer bemehlten Arbeitsplatte kurz durchkneten und 3–4 mm dick ausrollen. Aus dem Teig 60 Kreise mit jeweils 4 cm Durchmesser ausstechen und auf das Backblech legen. Im heißen Ofen (Mitte) in 10–12 Minuten goldbraun backen. Aus dem Ofen nehmen und auf einem Kuchengitter auskühlen lassen.

5 Zum Füllen die Marzipanmasse kurz aufschlagen und 30 Plätzchen damit bestreichen. Die Stiele mittig in die Füllung drücken und ein zweites Plätzchen darauflegen.

6 Die Kuvertüre im heißen Wasserbad schmelzen und die Plätzchen damit bestreichen. Mit Haselnusskernen, Walnusskernhälften, Mandelstiften oder Zuckerstreuseln verzieren. Die Plätzchen in den Kühlschrank legen und die Kuvertüre fest werden lassen.

LEBKUCHEN-
plätzchen

FÜR CA. 20 STÜCK

Für den Teig

- 300 g Mehl (Type 405)
- 2 TL Backpulver
- 1 TL Natron
- 2 TL gemahlener Zimt
- 1 TL gemahlener Ingwer
- je ½ TL geriebene Muskatnuss, gemahlene Nelken (Pulver) und Salz
- 90 g Kokosöl
- 60 g Vollrohrzucker
- 150 g Kokosblütensirup
- 1 Ei (Größe M)

Für das Royal Icing (siehe Seite 11)

- 1 Eiweiß (Größe M)
- 200 g Puderzucker
- 1 EL Zitronensaft

Außerdem

- Ausstecher in beliebiger Form

SO GEHT'S

1 Das Mehl mit Backpulver, Natron, Gewürzen und Salz vermischen und beiseitestellen. Das Kokosöl mit dem Vollrohrzucker cremig schlagen. Den Kokosblütensirup und das Ei unterrühren. Dann die trockenen Zutaten dazumischen und alles zu einem glatten Teig verkneten. In Frischhaltefolie gewickelt mindestens 2 Stunden im Kühlschrank ruhen lassen.

2 Den Backofen auf 180 °C (Umluft) vorheizen. Den Teig zwischen zwei Lagen Backpapier 5 mm dünn ausrollen und das obere Backpapier wieder entfernen. Mit Plätzchenausstechern verschiedene Formen ausstechen. Die Teigreste entfernen, das Backpapier auf ein Backblech geben und die Kekse 8 Minuten im heißen Ofen (Mitte) backen. Aus dem Ofen nehmen und auskühlen lassen.

3 Das Royal Icing wie auf Seite 11 beschrieben zubereiten. Die Plätzchen nun nach Lust und Laune mit dem Icing verzieren. Sie sollten am besten luftdicht verschlossen gelagert werden.

SCHOKO-ERDNUSS-
Whoopies

FÜR 10 STÜCK

Für den Teig
- 3 Eier (Größe M)
- Salz
- 75 g Zucker
- 75 g Mehl (Type 405)
- 2 EL Backkakaopulver

Für die Creme
- 100 g Doppelrahm-Frischkäse
- 80 g Puderzucker
- 60 g Erdnusscreme

Außerdem
- Spritzbeutel mit Lochtülle (10–15 mm Ø)
- 50 g Zartbitterkuvertüre
- 10 Erdnusskerne

SO GEHT'S

1 Den Backofen auf 180 °C (Ober-/Unterhitze) vorheizen und ein Backblech mit Backpapier auslegen. Eier trennen und das Eiweiß mit 1 Prise Salz steif schlagen. Nach und nach den Zucker einrühren und das Eigelb unter die Eiweißmasse heben. Mehl und Kakaopulver mischen, sieben und ebenfalls unter die Eiermasse ziehen.

2 Aus dem Teig mithilfe des Spritzbeutels 20 Kreise mit etwa 4 cm Durchmesser nebeneinander auf das Blech setzen. Dabei zwischen den Whoopies genügend Platz lassen, da sie noch etwas aufgehen. Die Whoopies im heißen Ofen (Mitte) etwa 12 Minuten backen. Herausnehmen, abkühlen lassen und die Teighälften vorsichtig mit einem Messer vom Backpapier lösen.

3 Für die Creme den Frischkäse mit dem Puderzucker mischen. Die Erdnussbutter unterheben und alles zu einer cremigen Masse verrühren. Die Creme mithilfe des Spritzbeutels auf der einen Hälfte der Whoopies verteilen. Anschließend mit einem zweiten Woopie bedecken.

4 Zum Verzieren die Kuvertüre hacken, im heißen Wasserbad langsam schmelzen und die Oberseite der Whoopies damit bestreichen. Die Erdnusskerne schälen, hacken und auf der Kuvertüre verteilen. Kurz im Kühlschrank abkühlen lassen, bis die Schokolade fest geworden ist.

Kokos-MAKRONEN

FÜR 48 STÜCK

- 4 Eiweiß (Größe M)
- Salz
- 1 TL Zitronensaft
- 120 g Puderzucker
- 200 g Kokosraspel
- 1 Prise gemahlener Zimt

SO GEHT'S

1 Den Backofen auf 180 °C Ober-/Unterhitze (160° C Umluft) vorheizen und zwei Backbleche mit Backpapier auslegen.

2 Die Eiweiße mit 1 Prise Salz und Zitronensaft steif schlagen, dabei den Puderzucker einrieseln lassen. Die Kokosraspel mit dem Zimt mischen und unter das Eiweiß heben.

3 Die Masse mithilfe von zwei Teelöffeln auf die Bleche setzen und etwa 12 Minuten im heißen Ofen (Mitte) backen. Auskühlen lassen und luftdicht verpacken.

TIPP

Wer möchte, kann die Kokosmakronen zur Hälfte in geschmolzene Zartbitterschokolade tauchen oder Fäden darüberziehen.

GRANATAPFEL-
taler

FÜR 36 STÜCK

- 280 g Mehl (Type 405)
- 80 g Speisestärke
- 50 g gemahlene Haselnusskerne
- 250 g zimmerwamre Butter
- 80 g Puderzucker
- Salz
- Mark von 1 Vanilleschote
- 1 Ei (Größe M)
- 1 Granatapfel

SO GEHT'S

1 Mehl mit Speisestärke und Haselnüssen in eine Schüssel geben und vermischen. Butter, Puderzucker, 1 Prise Salz und Vanillemark mit dem Schneebesen des Handrührgeräts verrühren. Ei hinzugeben und unterrühren. Mehlmischung hinzufügen und das Ganze mit den Knethaken und anschließend mit den Händen zu einem glatten Teig verkneten. Etwa 3 Stunden mit Frischhaltefolie abgedeckt kühl stellen.

2 Den Granatapfel entkernen und die Kerne auf einem Küchentuch etwas trocken tupfen. Den Backofen auf 175 °C (Ober-/Unterhitze) vorheizen und ein Backblech mit zwei Lagen Backpapier auslegen.

3 Den Teig zu walnussgroßen Kugeln formen und jeweils 6–8 Granatapfelkerne unter den Teig kneten. Die Kugeln auf das Backblech legen und etwas flach drücken. In jeden Keks 3–4 Granatapfelkerne drücken und im heißen Ofen (Mitte) etwa 20 Minuten backen.

TIPP

Zum sauberen Entkernen des Granatapfels diesen in eine Schüssel mit kaltem Wasser legen, die Schale aufbrechen und die Kerne unter Wasser herauslösen.

PARANUSS-
plätzchen

FÜR 50 STÜCK

- 100 g Paranusskerne (alternativ Walnusskerne, Pekannusskerne etc.)
- 125 g zimmerwarme Butter
- 60 g Rohrohrzucker
- 1 TL Honig
- Mark von ½ Vanilleschote
- Salz
- 1 Ei (Größe M)
- 225 g Mehl (Typ 405)
- 1 Msp. Fleur de Sel
- 1 Eiweiß (Größe M)
- 3 EL Feigenkonfitüre

Außerdem

- Spritzbeutel mit kleiner Tülle

SO GEHT'S

1 Die Nüsse grob hacken. Butter mit Zucker, Honig, Vanillemark und 1 Prise Salz mit einem Handrührgerät schaumig aufschlagen. Ei und Mehl unterrühren.

2 Den Teig zu einer etwa 50 cm langen Rolle formen und in 1 cm breite Stücke schneiden. Aus den einzelnen Stücken kleine Kugeln formen. Den Backofen auf 180 °C (Ober-/Unterhitze) vorheizen und ein Backblech mit Backpapier auslegen.

3 Die Nüsse mit dem Fleur de Sel in einen tiefen Teller geben und vermengen. Das Eiweiß mit 1 EL Wasser verquirlen und die Hände damit benetzen. Nun die Kugeln mit den Händen befeuchten und durch die Nussmischung rollen. Anschließend auf das Backblech legen. Mit dem Stiel eines Kochlöffels eine Mulde in die Mitte drücken.

4 Die Konfitüre durch ein Sieb passieren. In einen Spritzbeutel mit kleiner Tülle geben und in die Mulden kleine Häufchen setzen. Die Plätzchen im heißen Ofen 12–15 Minuten (Mitte) goldbraun backen. Aus dem Ofen nehmen und die restliche Konfitüre auf die Plätzchen setzen, bei 100 °C 10–15 Minuten antrocknen lassen.

KOKOSNUSS-
schneebälle

FÜR 33 STÜCK

- 150 g Zucker
- 50 g Speisestärke
- 250 ml Milch
- 125 g Butter (alternativ Kokosöl)
- 100 g Kokosraspel
- 1 Pck. Vanillezucker
- 33 geschälte Mandeln

Außerdem

- 100 g Kokosraspel
- Pralinen-Papierförmchen

SO GEHT'S

1 Den Zucker mit der Speisestärke in einer kleinen Schüssel vermengen und beiseitestellen.

2 In einem Topf die Milch bei starker Hitze erwärmen. Sobald die Milch köchelt, die Zucker-Speisestärke-Masse unter ständigem Rühren hineinrühren, sodass eine dickflüssige Konsistenz entsteht. Vom Herd nehmen.

3 Butter in die Milchmasse einrühren, bis diese komplett geschmolzen und alles gleichmäßig vermengt ist. Anschließend die Kokosraspel und den Vanillezucker einrühren. Die Masse 2 Stunden in den Kühlschrank stellen.

4 Aus der gekühlten Masse kleine Portionen mit einem Teelöffel entnehmen und zu Kugeln formen. In die Mitte jeweils 1 Mandel geben. Zum Schluss die Kugel in Kokosraspeln wälzen. In kleine Pralinen-Papierförmchen geben und bis zum Servieren erneut kühlen.

PINOLI

FÜR 30 STÜCK

- 80 g Zucker
- 100 g gemahlene, geschälte Mandeln
- 2 Eiweiß (Größe M)
- 30g Pinienkerne

Außerdem

- Spritzbeutel mit Lochtülle

SO GEHT'S

1 Zucker mit Mandeln mischen und im Standmixer oder mit einem Blitzhacker zu feinem Mehl mahlen. 1 Eiweiß zugeben und 5 Minuten kräftig unterschlagen. Dabei so viel vom zweiten Eiweiß zugeben, bis ein dicker, zähflüssiger Teig entsteht.

2 Den Backofen auf 160 °C (Umluft) vorheizen und ein Backblech mit Backpapier auslegen. Den Teig in einen Spritzbeutel mit Lochtülle füllen und mit etwas Abstand zueinander Tupfen (Ø 3 cm) auf das Backblech spritzen. Die Pinoli mit je 6 Pinienkernen sternförmig verzieren und etwa 20 Minuten im heißen Ofen (Mitte) backen.

TIPP

Bei diesem Rezept ist es wichtig, die Teigzutaten lang miteinander zu verarbeiten, erst so wird die richtige Konsistenz erreicht.

HASELNUSS-
Ricciarelli

FÜR 40 STÜCK

- 2 Eiweiß (Größe M)
- Salz
- 150 g Puderzucker
- 125 g gemahlene, geschälte Mandeln
- 125 g gemahlene Haselnusskerne
- ½ Fläschchen Bittermandelaroma
- 2 EL Puderzucker zum Bestäuben

SO GEHT'S

1 Eiweiß und 1 Prise Salz mit dem Schneebesen des Handrührgeräts kurz anschlagen. Puderzucker hinzusieben und unterheben. Mandeln, Haselnüsse und Aroma hinzufügen und gut verrühren. Den Teig 1 Stunde mit Frischhaltefolie abgedeckt kalt stellen.

2 Den Teig zwischen Frischhaltefolie 1 cm dick ausrollen und in etwa 3 x 6 cm große Rauten schneiden. Mindestens 5 Stunden in den Kühlschrank legen.

3 Den Backofen auf 150 °C (Ober-/Unterhitze) vorheizen und ein Backblech mit Backpapier auslegen. Die Ricciarelli auf dem Blech verteilen, mit Puderzucker bestäuben und 15–20 Minuten im heißen Ofen (Mitte) backen. Aus dem Ofen nehmen und auf dem Blech auskühlen lassen.

TIPP

Den Teig für die Ricciarelli kann man wunderbar abends vorbereiten und über Nacht im Kühlschrank ziehen lassen. Am nächsten Morgen backen.

SAURE-SAHNE-
Plätzchen

FÜR CA. 80 STÜCK

- 250 g zimmerwarme Butter
- 100 g saure Sahne
- Mark von 1 Vanilleschote
- 1 Ei (Größe M)
- ½ Pck. Backpulver
- 250 g Mehl (Type 405)
- Salz

Außerdem

- Mehl für die Arbeitsfläche
- Sternausstecher
- 2 Eigelb (Größe M)
- Hagelzucker

SO GEHT'S

1 Die Butter in kleinen Stücken in eine Rührschüssel geben. Die übrigen Zutaten mit 1 Prise Salz nach und nach dazugeben und alles zu einem leicht klebrigen Teig verkneten. Den Teig in Frischhaltefolie wickeln und 2 Stunden in den Kühlschrank legen.

2 Den Backofen auf 180 °C (Ober-/Unterhitze) vorheizen und zwei Backbleche mit Backpapier auslegen. Den Teig auf der leicht bemehlten Arbeitsplatte mit der Teigrolle dünn ausrollen und Sterne ausstechen.

3 Die Eigelbe verquirlen. Die Plätzchen mit 1–2 cm Abstand auf das Blech legen, mit Eigelb bestreichen und mit Hagelzucker bestreuen. Im heißen Ofen (Mitte) 12–15 Minuten goldgelb backen. Herausnehmen und abkühlen lassen.

IMPRESSUM

Bibliografische Information der Deutschen Bibliothek.

Die Deutsche Bibliothek verzeichnet diese Publikation in der Deutschen Nationalbibliografie.

Detaillierte bibliografische Daten sind im Internet über http://www.dnb.de/ abrufbar.

EIN BUCH DER EDITION MICHAEL FISCHER

1. Auflage 2022

Reihengestaltung: Yvonne Witzan
Projektleitung und Lektorat: Paulina Schick
Covergestaltung und Satz: Emilia Ruppel

Bilder: Sara Plavic, Zürich: S. 2, 15, 19, 25, 35, 41, 57; Maria Panzer, Offenburg: S. 3, 12, 33, 43, 51, 59; Eising Studio GmbH – FOOD & Video, München: S. 3, 39, 47; Jennifer Mönchmeier, Rheda-Wiedenbrück: S. 4, 11, 23, 53, 55, 61; ©LUMIKK555/Shutterstock: S. 5, 13 (Hintergrund); ©Alexander Raths/Shutterstock: S. 6; ©Nati/Pexels: S. 10; ©V. Matthiesen/Shutterstock: S. 17; ©Happy Foods Tube/Shutterstock: S. 21; Tamara Staab, Frankfurt am Main: S. 27; Vanessa Strauch, Stolberg: S. 29, 37; Melanie Allhoff, Lienen: S. 31, 45, 49, 63

Illustrationen: S. 6–8, 10–11: ©primiaou/Shutterstock

Rezepte: Sara Plavic: S. 14, 24, 34, 40, 56; Clara Hansemann: S. 16; Sara Plavic & Tamara Staab: S. 18, 26; Alissa Poller: S. 20, 38, 46; Jennifer Mönchmeier: S. 22, 52, 54, 60; Marion Strauch: S. 28, 36; Melanie Allhoff: S. 30, 44, 48, 62; Maria Panzer: S. 32, 42, 50, 58

Texte Grundlagenteil: Clara Hansemann: S. 6; Sarah Plavic: S. 7; Jennifer Mönchmeier: S. 8–11

ISBN 978-3-7459-1235-7

Gedruckt bei Polygraf Print, Čapajevova 44, 08001 Prešov, Slowakei

www.emf-verlag.de